Sudanese Memes
Book 1

Osama Elkhawad

فراخ التر ويكا الرباعية فخر العالم المتفسخ
هي تجعل من الفسيخ شربات وأكثر من ذلك كإطار له

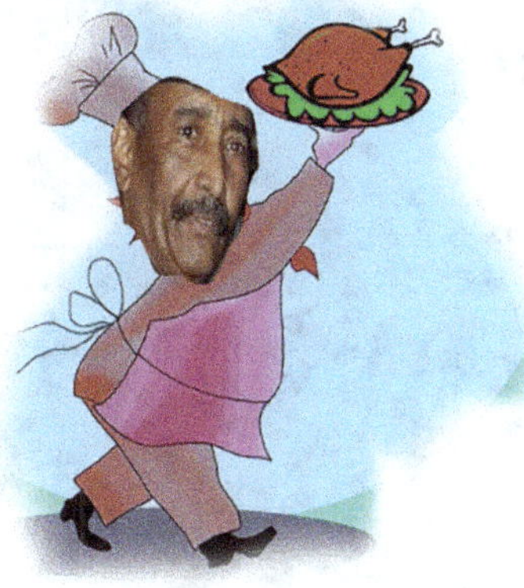

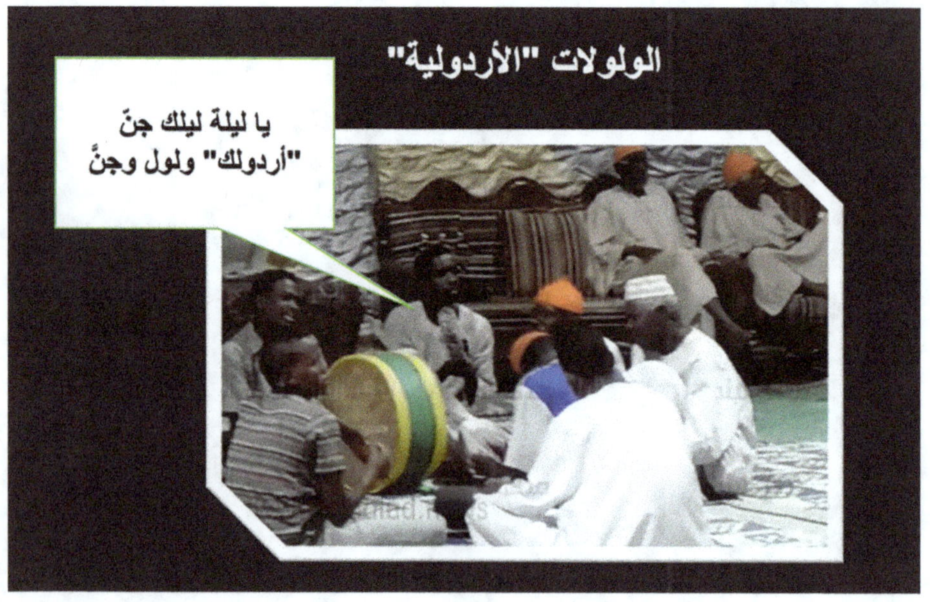
الولولات "الأردولية"
يا ليلة ليلك جنَ
"أردولك" ولول وجنَّ

البرهان يؤدّي القسم

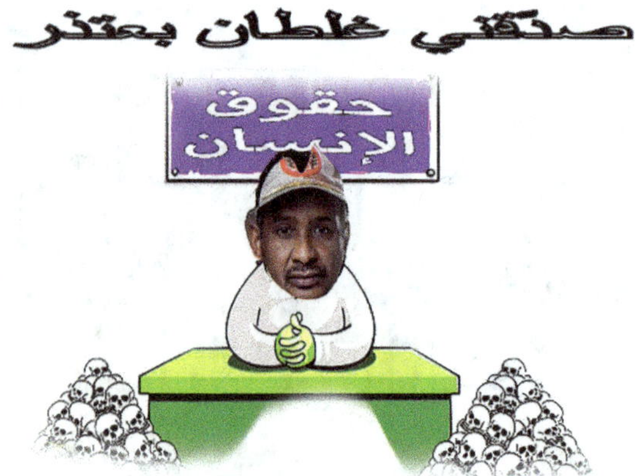

صدقني غلطان بعتذر
حقوق الإنسان

مطل "النقض" لصياغة الوثائق والاتفاقات الثنائية والثلاثية والإطارية إلخ

وثيقة دستورية

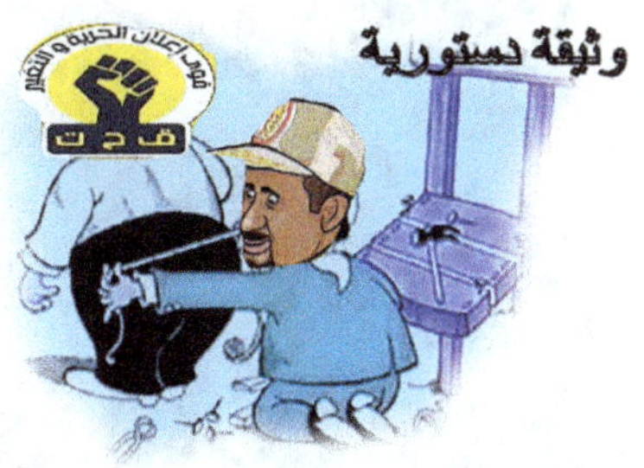

الفترة "الانتعالية"

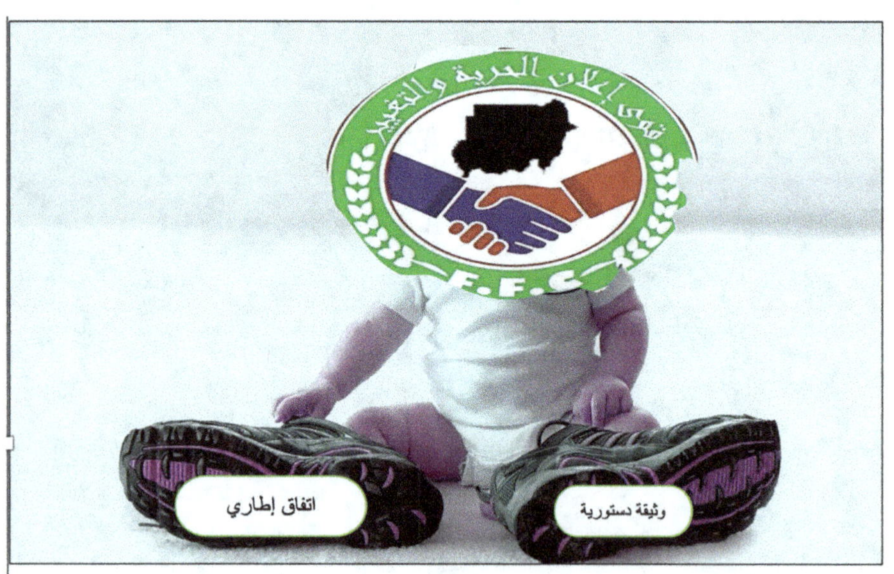

"قحت" و "الاتفاق الإطاري"

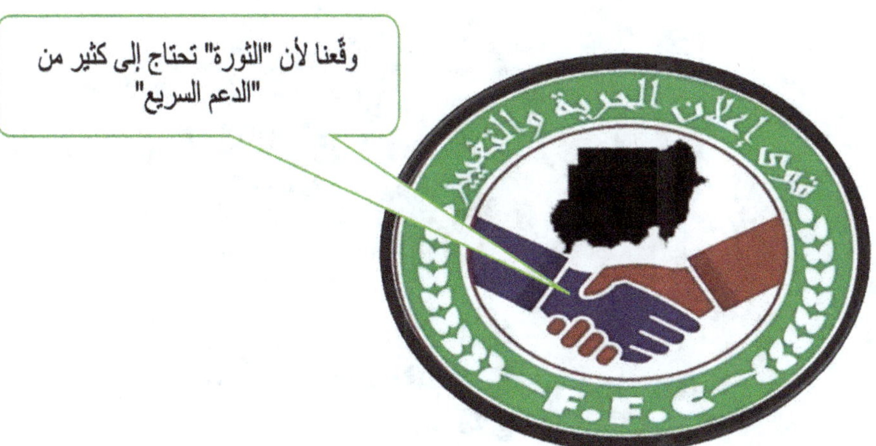

أوباما في محاضرة عن "آل كابوني" السودانية

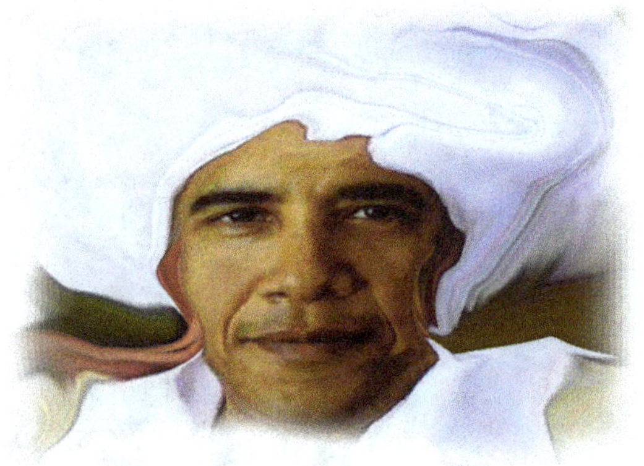

عناصر "المافيا السودانية" تتكوّن من مافي زيت
ومافي علاج
ومافي سلام
و"مافي أمن"...إلخ من الأمور والمسائل المافي

عاش أبو هاشم
حوض العازم

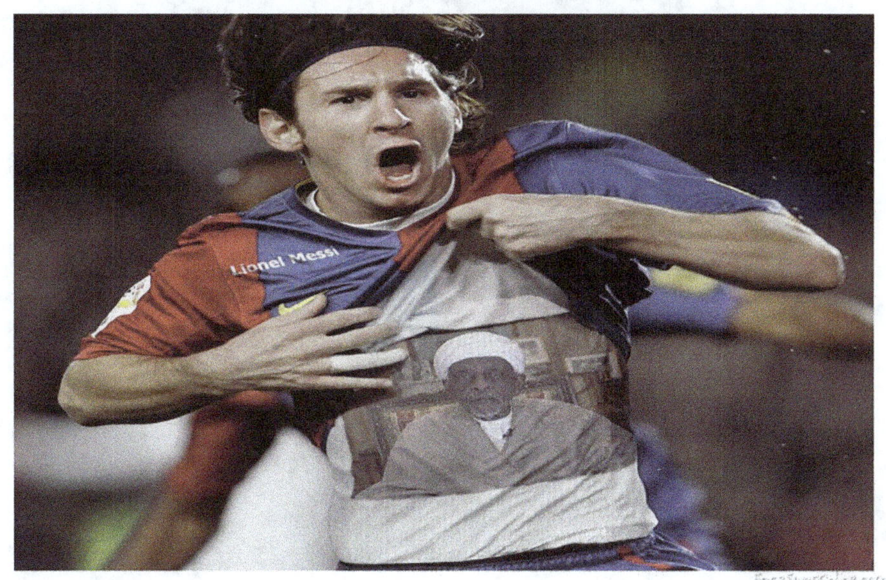

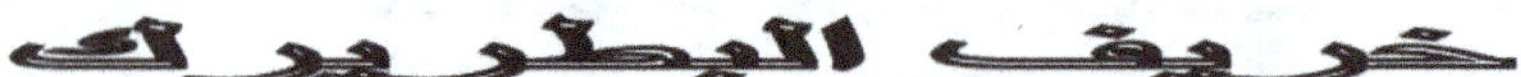

خريف البطريرك

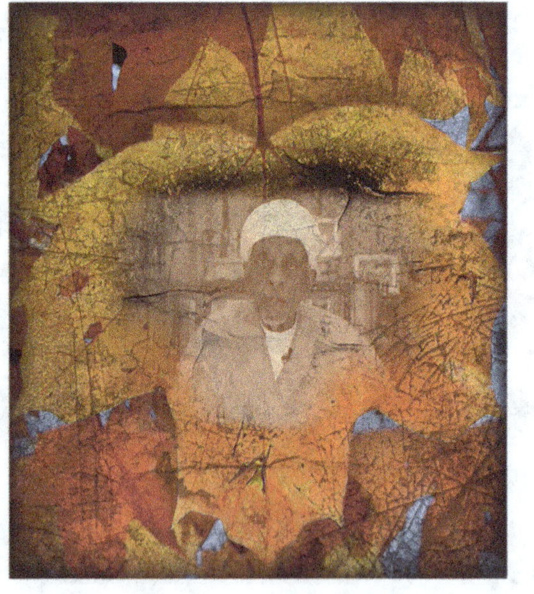

الثورة بالنص، أوعى بعين تكّونا الربع

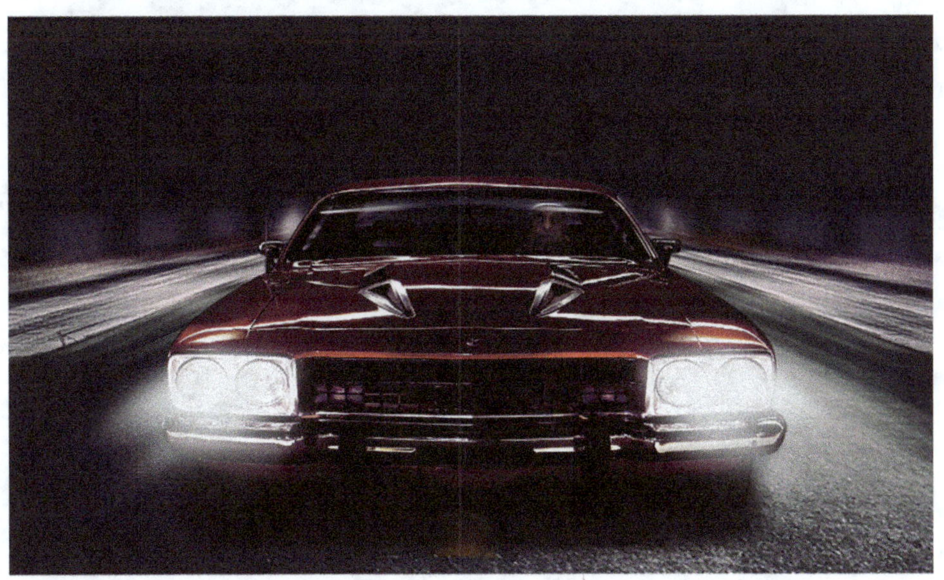

يا ربّ بهم وبآلهم
فطّن برهاناً وحميدتي، والحركاتِ

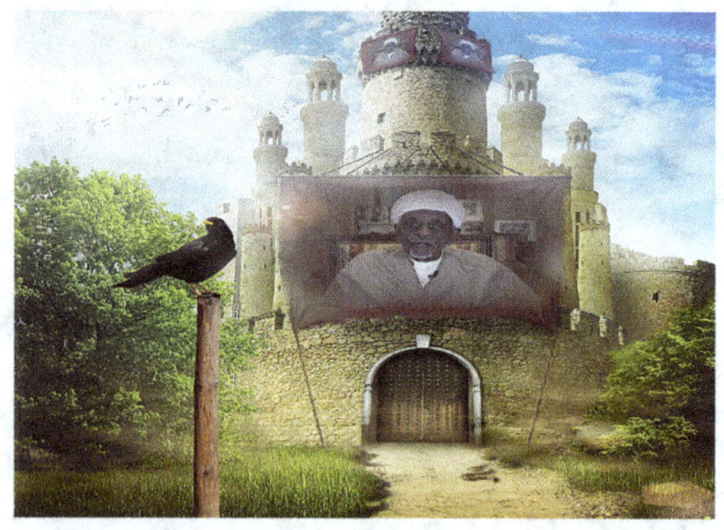

شجّعنا "البرازيل"، طلعت الله يستر على الاتفاق الإطاري

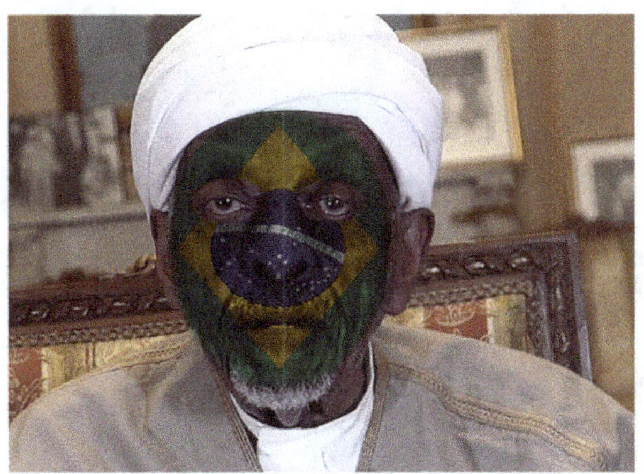

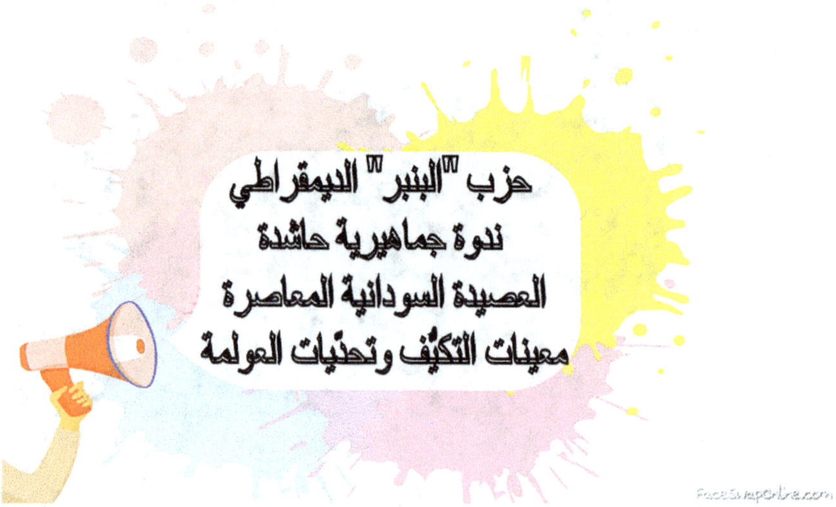

حزب "البنبر" الديمقراطي
ندوة جماهيرية حاشدة
العصيدة السودانية المعاصرة
معينات التكيّف وتحدّيات العولمة

استراحة محارب كتباوي

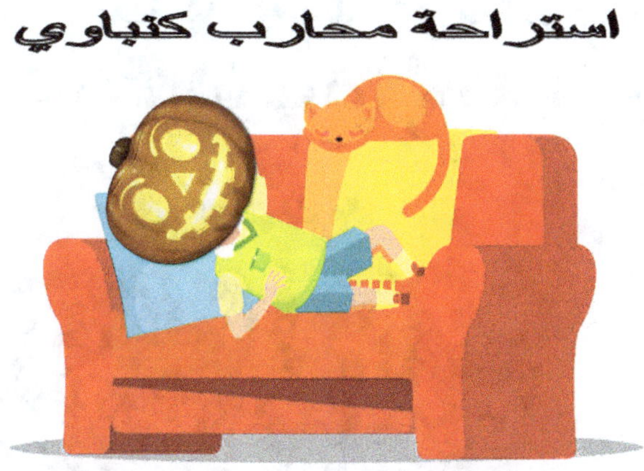

حزب الكنبة الاسفيري -فرع الواق واق
بمناسبة اليوم العالمي للكسل
يا "لجان المقاومة"، بالطريقة دي "حتتلجّنوا"، والله صحي؟

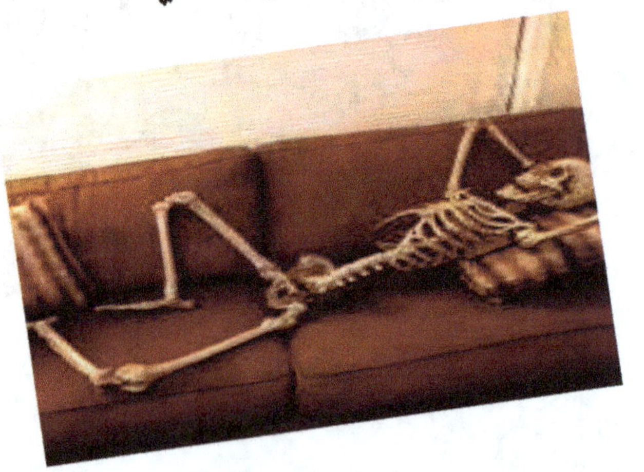

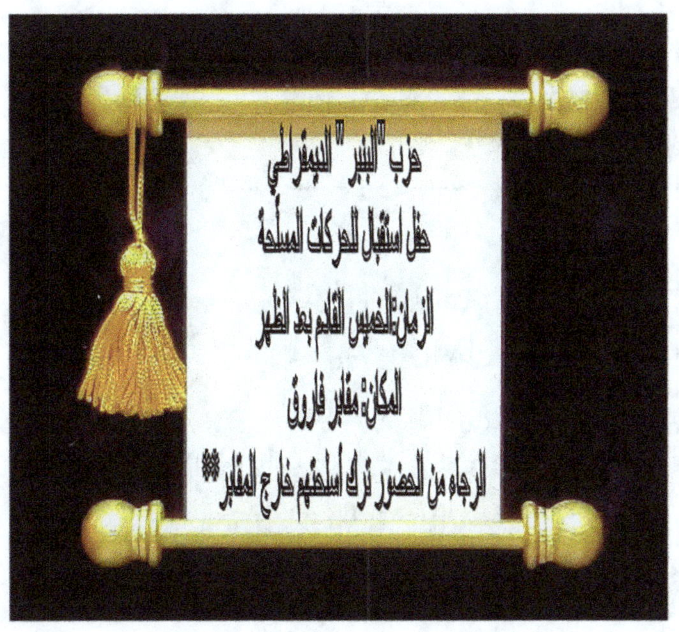

حزب "النمر" الديمقراطي
حفل استقبال للحركات المسلحة
الزمان: الخميس القادم بعد الظهر
المكان: مقابر فاروق
الرجاء من الحضور ترك أسلحتهم خارج المقابر

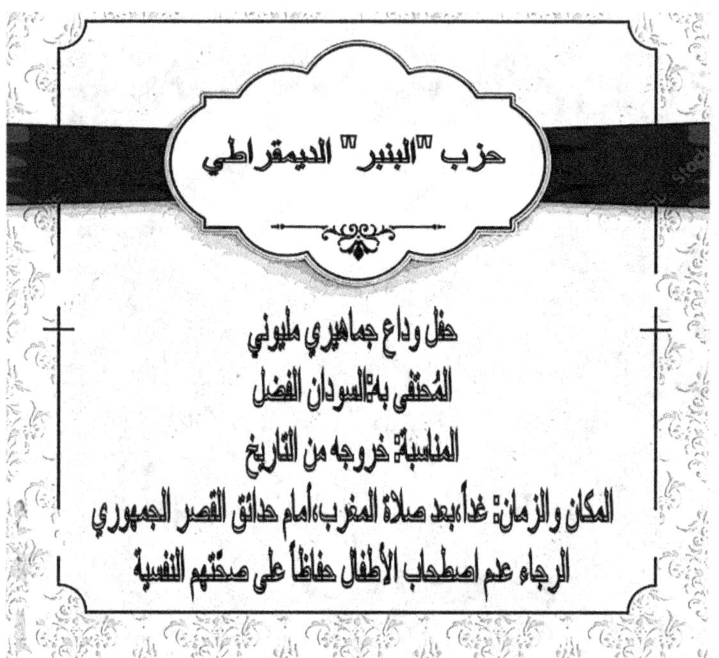

حزب "البنبر" الديمقراطي
حفل وداع جماهيري مليوني
المُحتفى به:السودان الفضل
المناسبة: خروجه من التاريخ
المكان والزمان: غداً،بعد صلاة المغرب،أمام حدائق القصر الجمهوري
الرجاء عدم اصطحاب الأطفال حفاظاً على صحّتهم النفسية

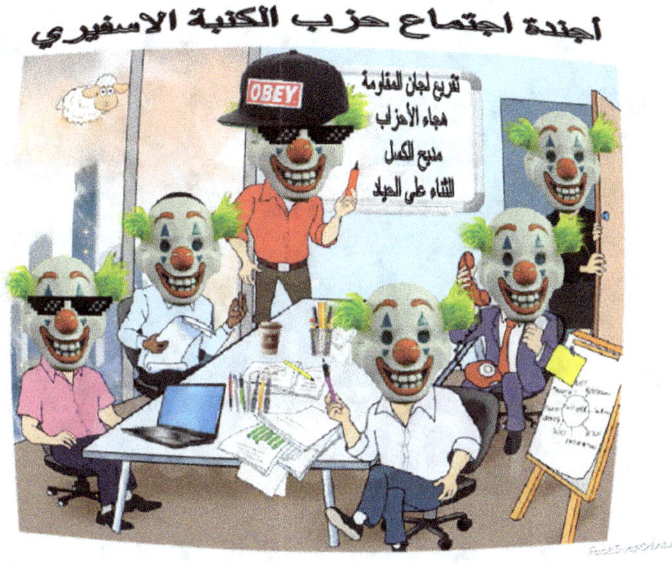
أجندة اجتماع حزب الكتبة الاسفيري
OBEY
تفريخ لجان المقاومة
هجاء الأحزاب
مديح الكسل
الثناء على الجلاد

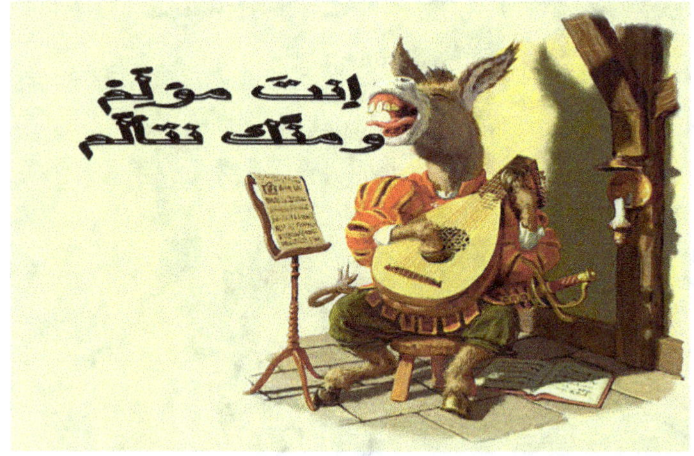
إنت موّلّم ومنّك نتعلّم
حزب الكنبة الاصفري
فرع الغابة والصحراء
الشعب السوداني شعب إملاق

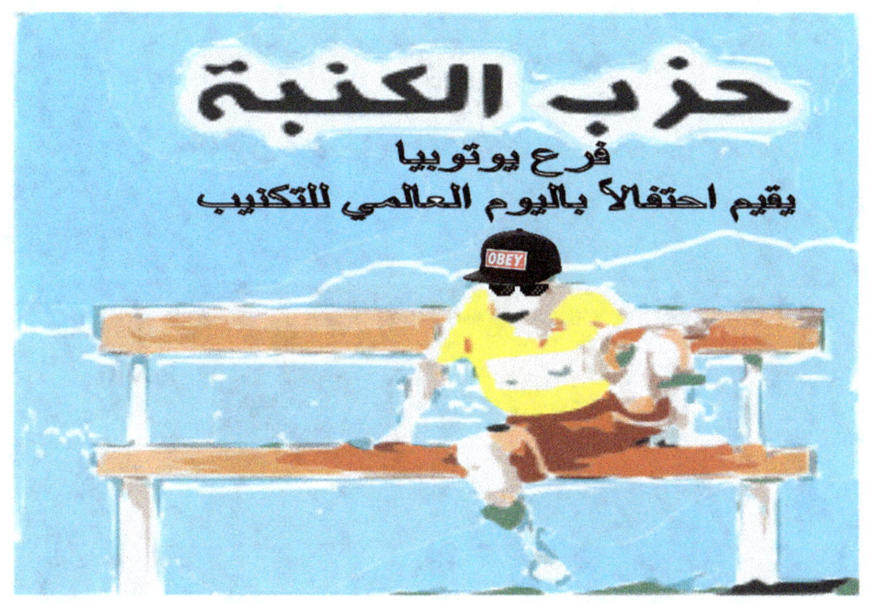
حزب الكنبة
فرع يوتوبيا
يقيم احتفالاً باليوم العالمي للتكنيب

حزب الكنبة الاسفيري
فرع القرعلاب
مناقرة براغماتية رومانسية

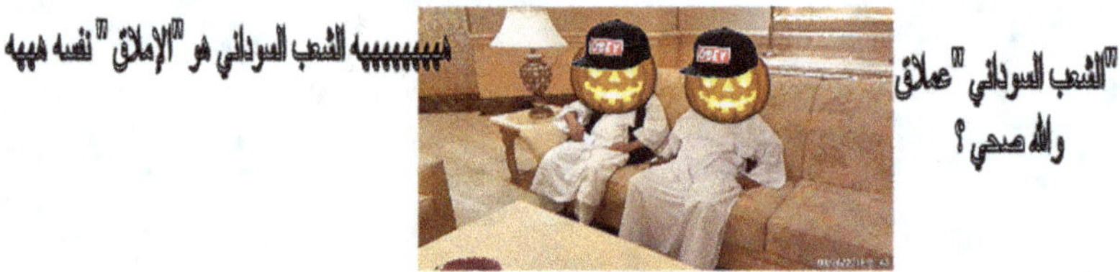

حزب الكنبة الاسفيري
فرع شلّعوها القحاتة
في نعى الشعب السوداني الفضل

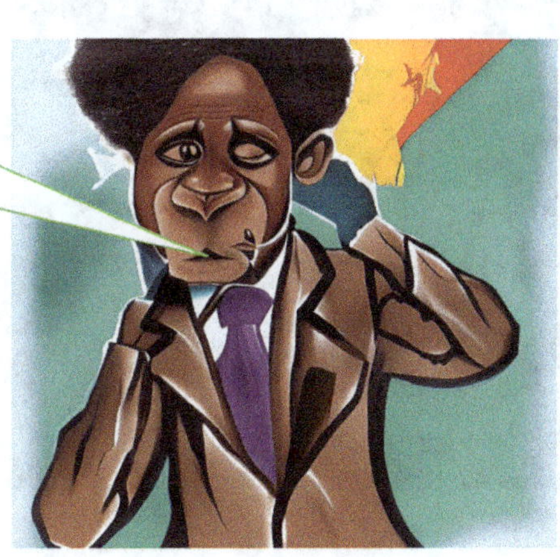

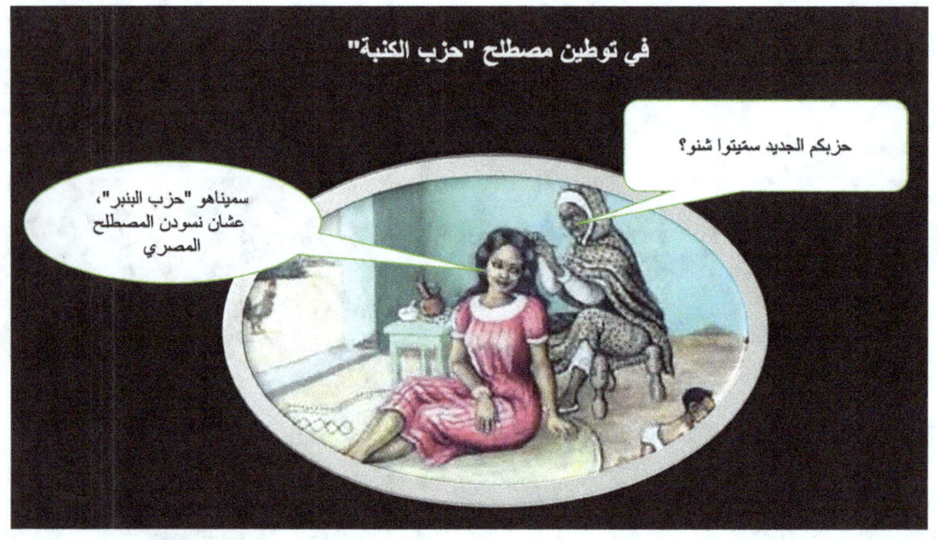
في توطين مصطلح "حزب الكنبة"
حزبكم الجديد سمّيتوا شنو؟
سميناهو "حزب البنبر"، عشان نسودن المصطلح المصري

حزب الكنبة الاسفيري
نظرية "المؤامرة" والمناقرة

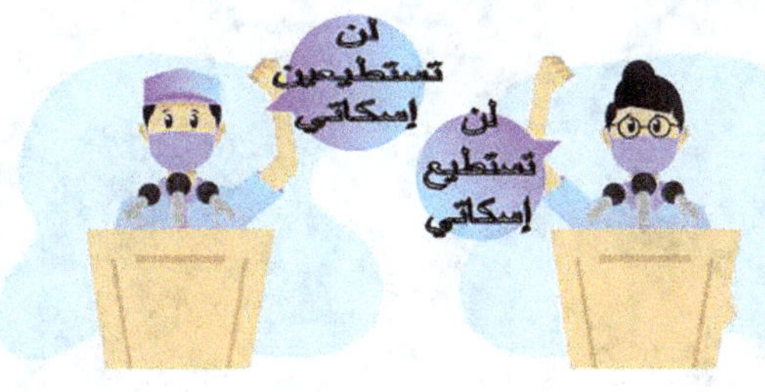

لاعبو الورق السودانيون

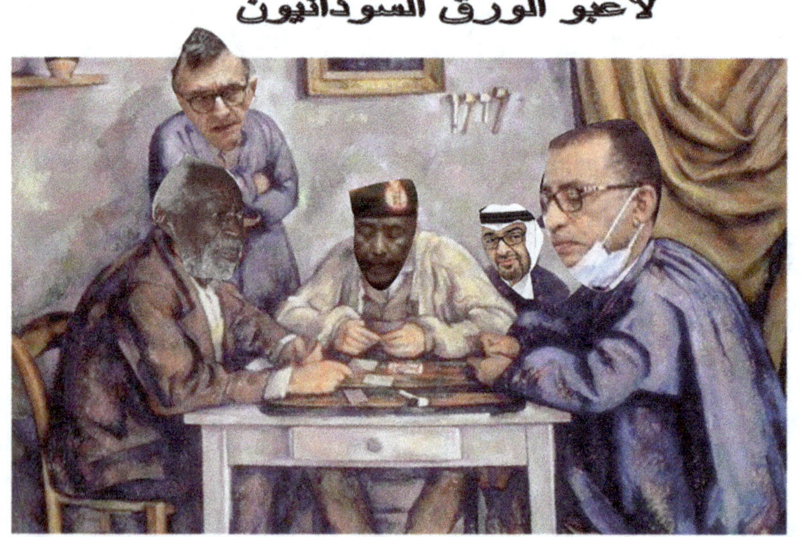

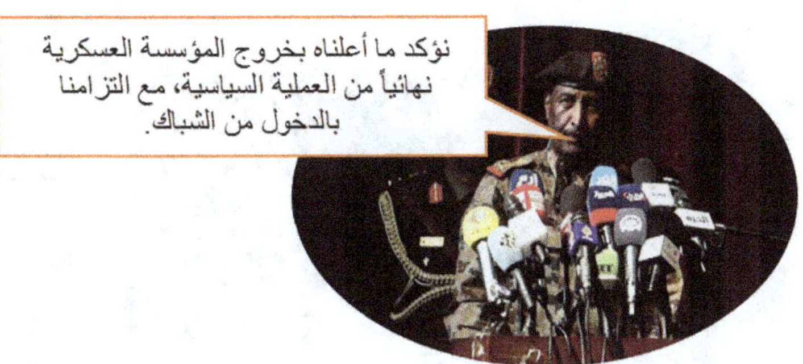
نؤكد ما أعلناه بخروج المؤسسة العسكرية نهائياً من العملية السياسية، مع التزامنا بالدخول من الشباك.

ليكم وحشة يا انقلابات !

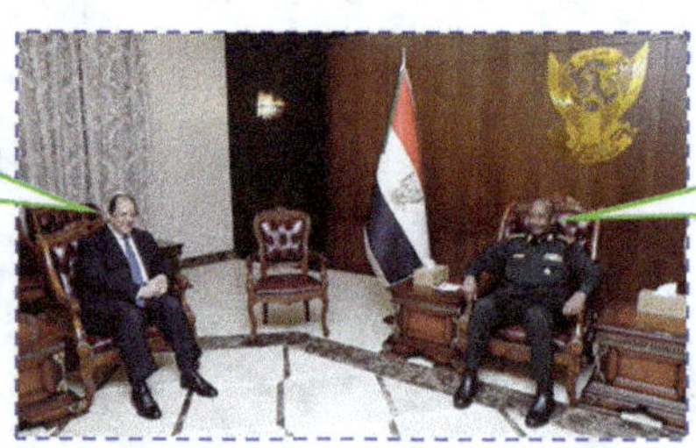

لعبة كسر العظام

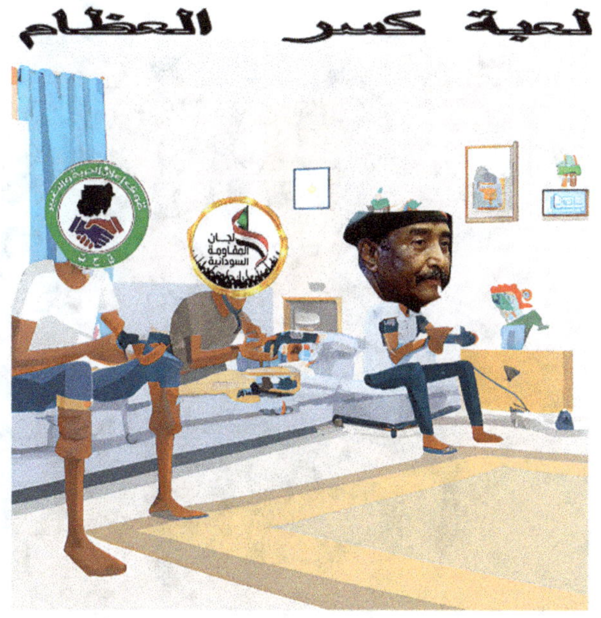

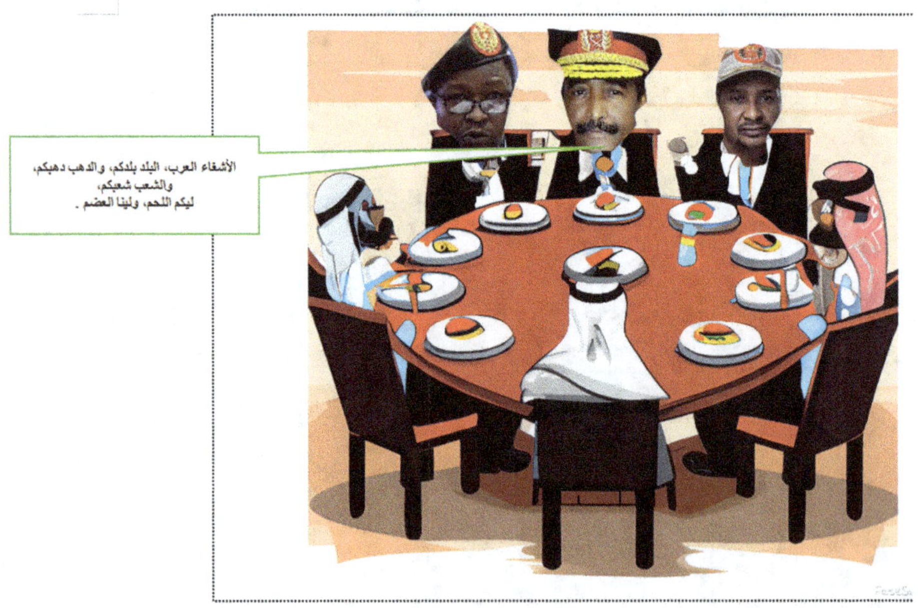
الأشقاء العرب، البلد بلدكم، والدهب دهبكم،
والشعب شعبكم،
ليكم اللحم، ولينا العضم .

في مديح المدنية

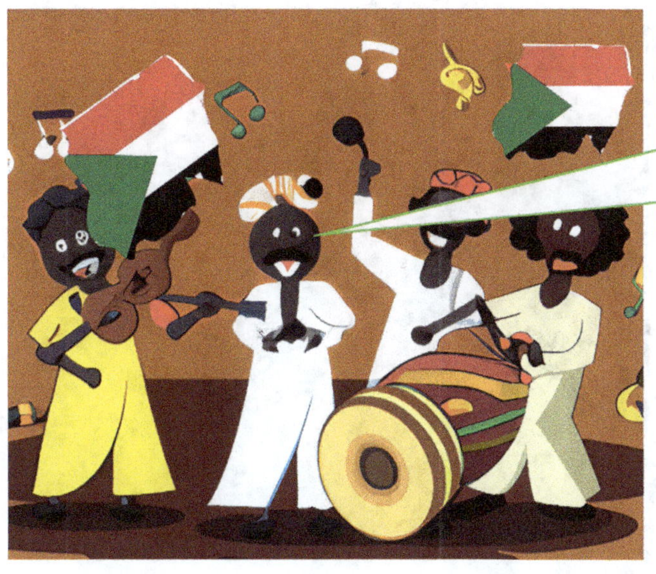

32

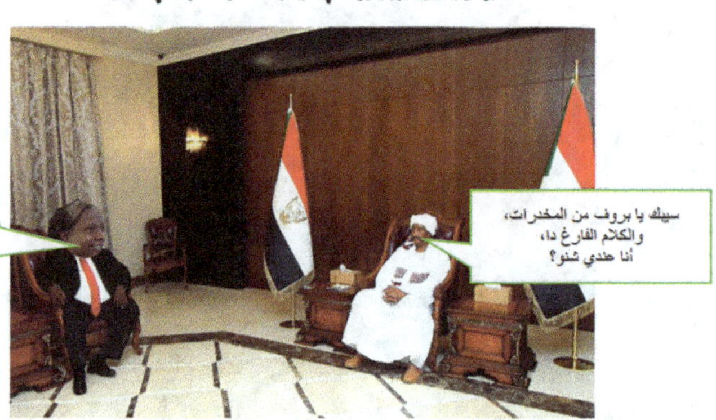
البرهان يستعين بالبروفيسور "علي بلدو" لوقف انتشار المخدرات في السودان
للأسف يا جنابو،
عندك أعراض متلازمة 5 أ،
يعني (إدمان الانقلابات،
والانبطاح أمام الأحزاب) !!
سيبك يا بروف من المخدرات،
والكلام الفارغ دا،
أنا عندي شنو؟

قائد أركان الجيش يحيِّي حميدتي
في هجاء صُدفة تاريخية

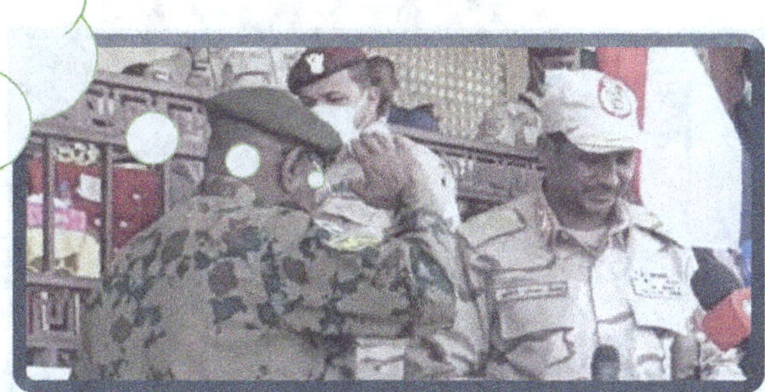

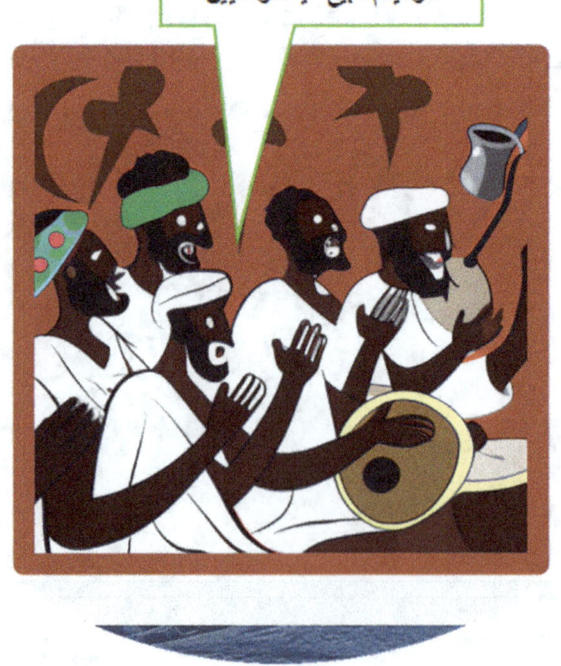

ساكن الإمارات
في كلَ بلد سوَّا مليشيات
واحدين في ليبيا مع حفتر
وواحدين في اليمن المتعثر
وواحدين مرتزقة مع العسكر
مواتيكم للبيع   يا سودانيين

نيولوك للبرهان بعد استقوائه بوزير الخارجية الإسرائيلي

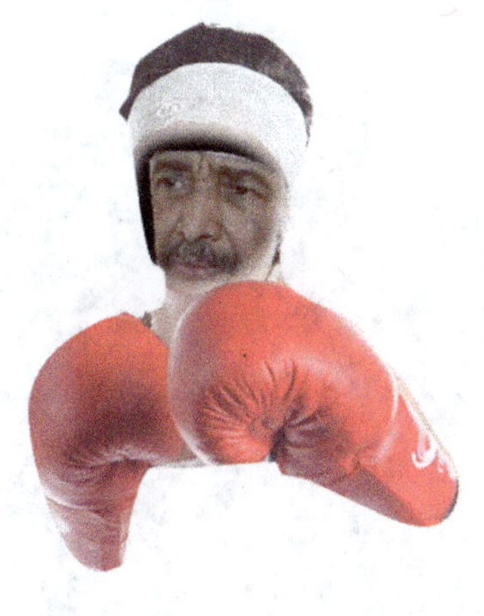

البرهان يوجّه ضربة قاضية لحميدتي بمقابلته لوزير الخارجية الاسرائيلي

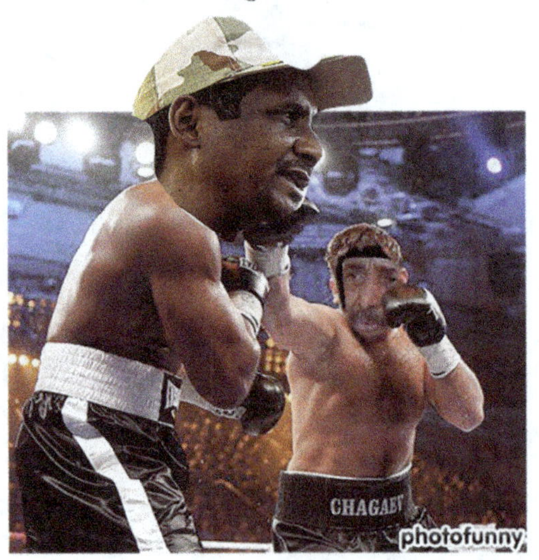

37

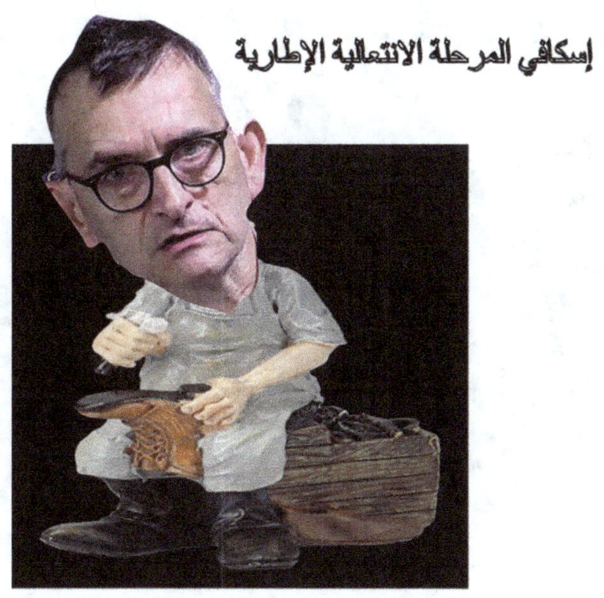

البرهان يتفوق على "حميدتي" ويفوز بالجولة الاولى من سباق الدرّاجات السلطويّة

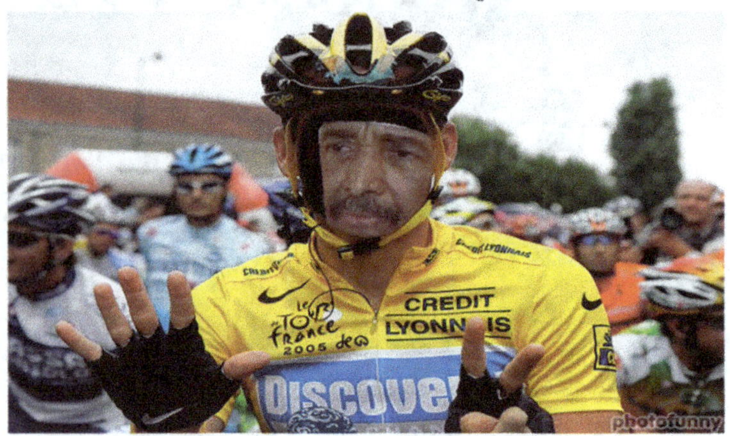

الفَريق أوَّل شمس الدين الكبّاشي:
"القوات المسلحة لا يمكن أن تحمي دستوراً ناقصاً صاغه عشرة أشخاص"

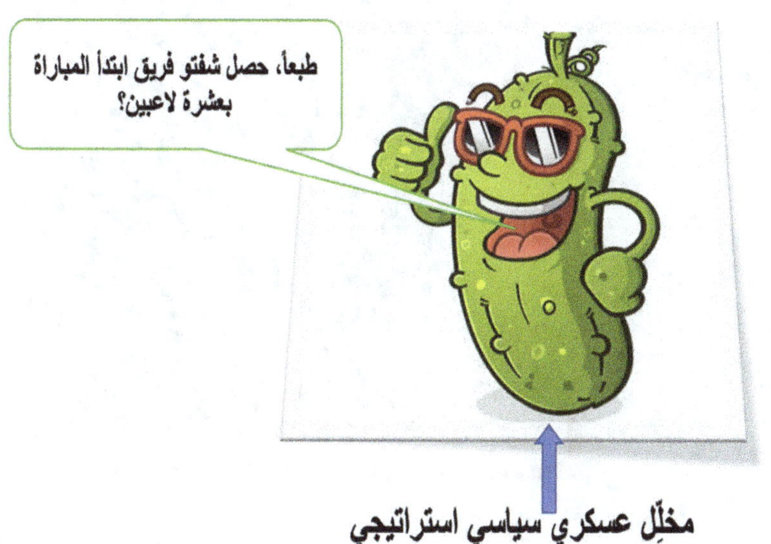

مخلِّل عسكري سياسي استراتيجي

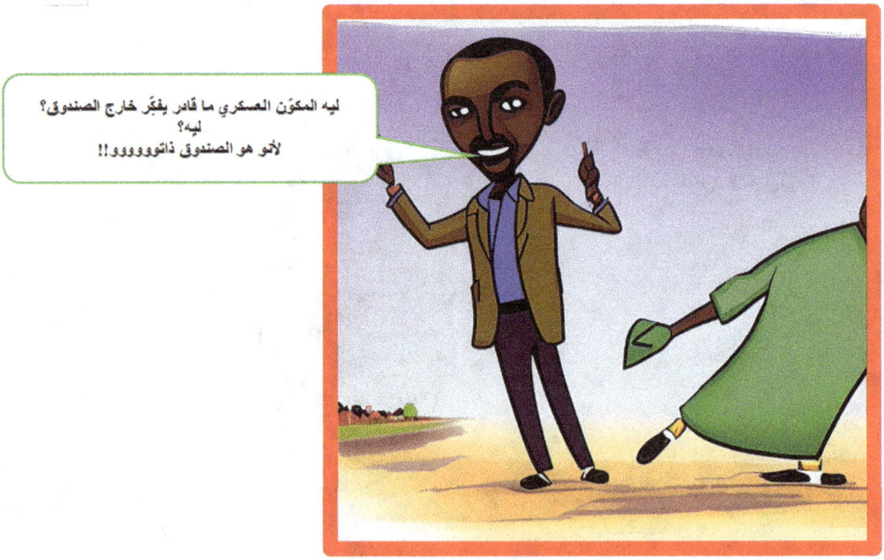

ليه المكوَّن العسكري ما قادر يفكِّر خارج الصندوق؟
ليه؟
لأنو هو الصندوق ذاتووووو!!

صمت الإمارات عن جرائم الدعم السريع

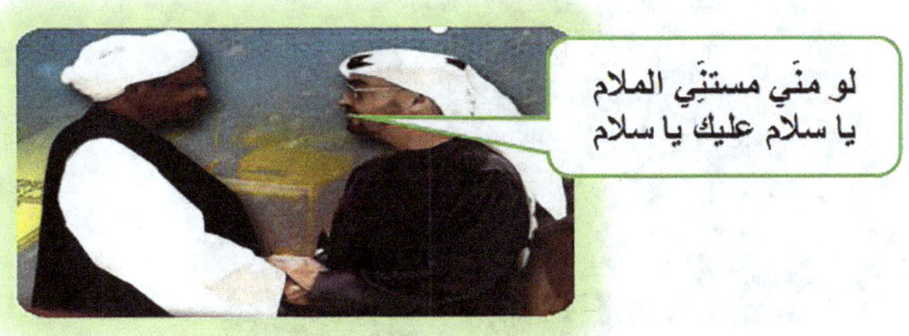

أنخاب بلا حدود

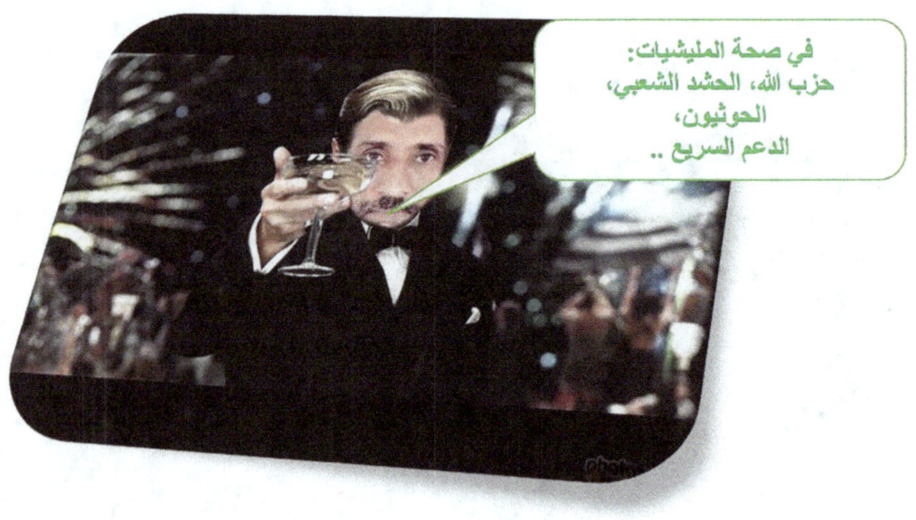

عشاء "حميدتي" الأخير

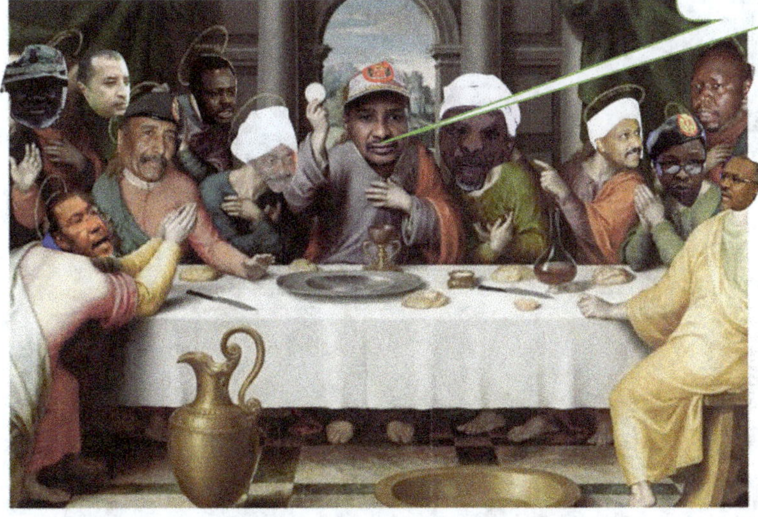

قدِّيسو السياسة المسلَّحة

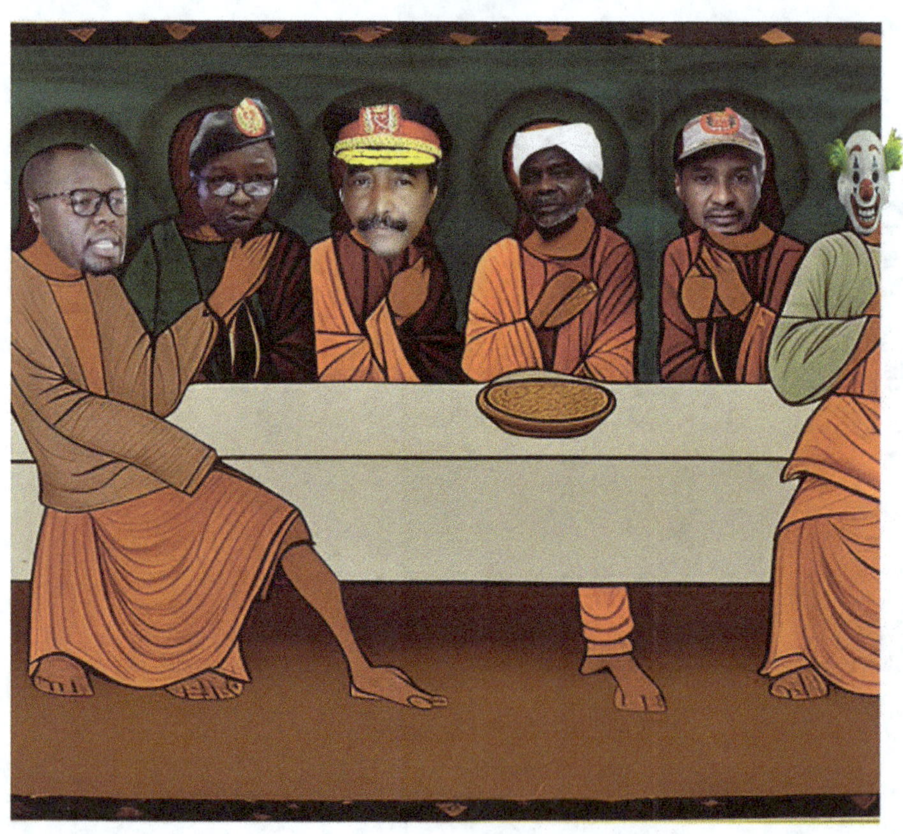

Osama Elkhawad

كيف يرى "المخلوع" نفسه في هلاويسه المرعبة

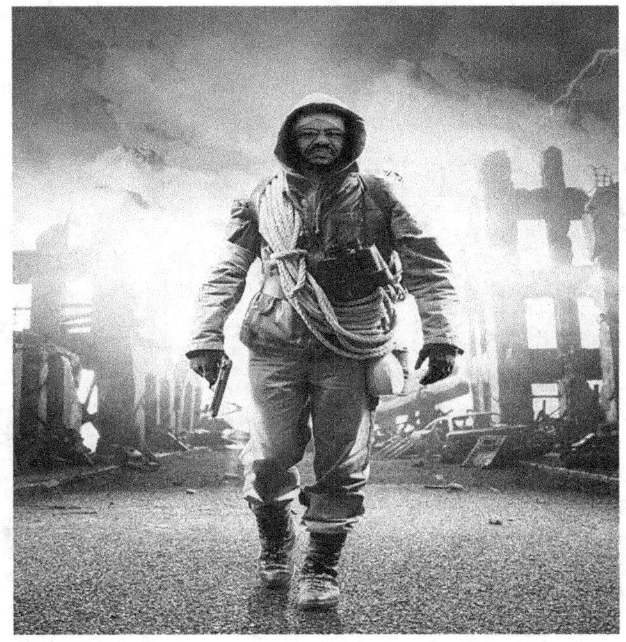

46

خطبة ""الديكتاتور "" الأخيرة في المحكمة
تمخّض الجبل، فولد سوسيوآ

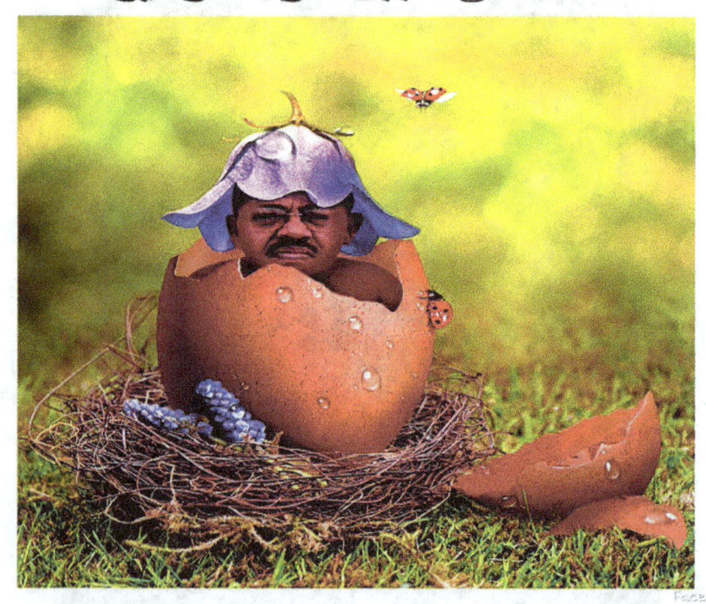

عودة نظام الإنقاذ؟!

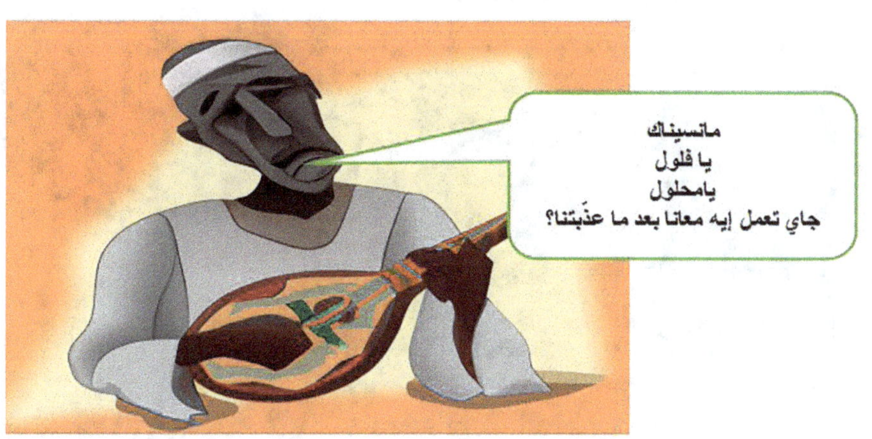

دغمسة عابرة للقارّات

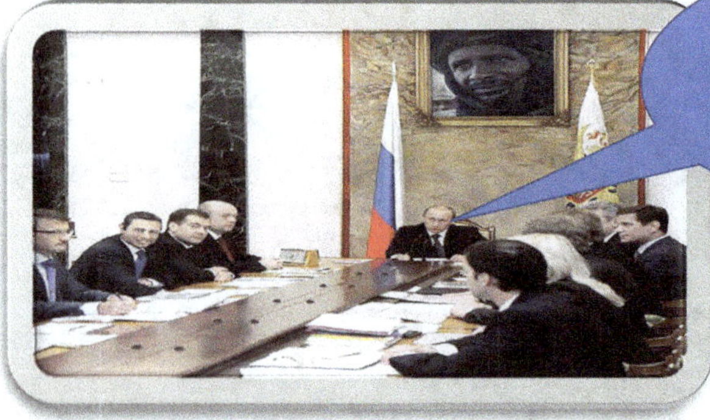

49

خطاري

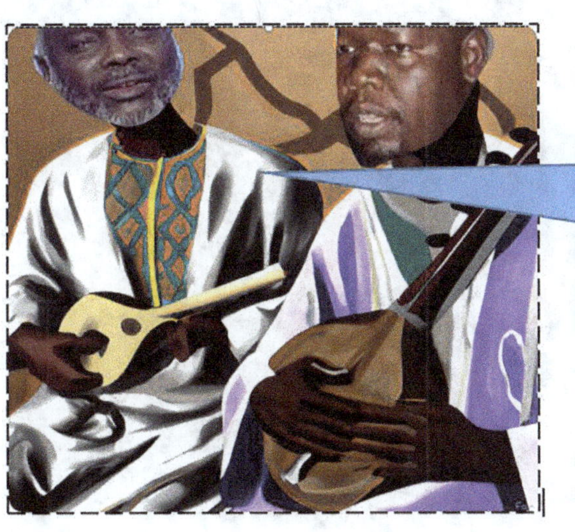

(الإطاري)
بي حالنا ما هو داري
نحنا دمعنا طافر
وشوقنا ظاهر
للمنصب الوزاري
يا (إطاري)

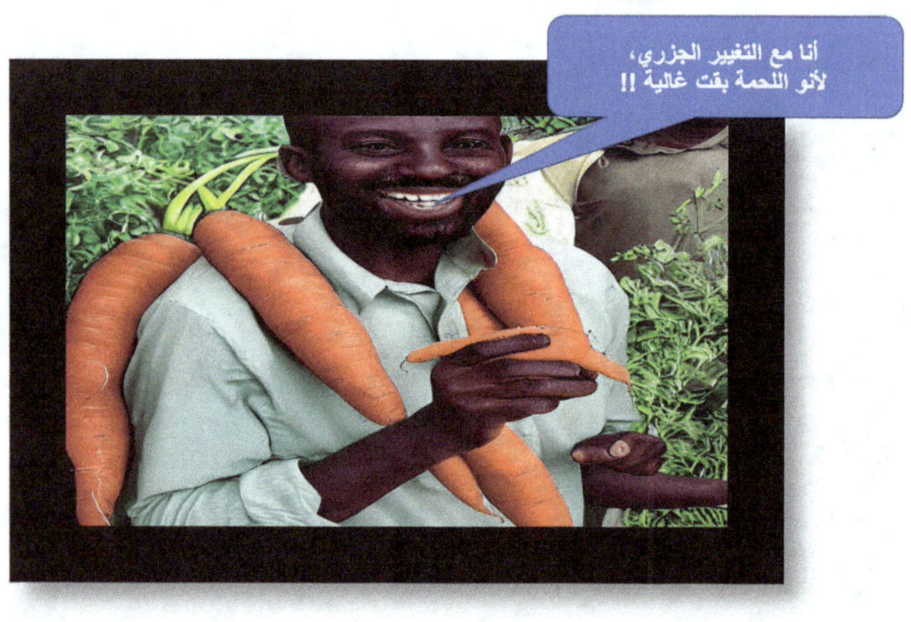
أنا مع التغيير الجزري،
لأنو اللحمة بقت غالية !!

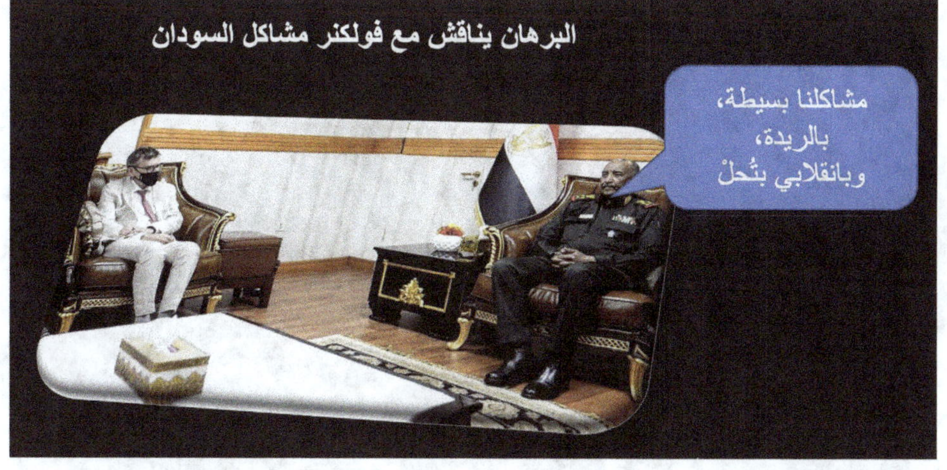
البرهان يناقش مع فولكنر مشاكل السودان
مشاكلنا بسيطة،
بالريدة،
وبانقلابي بتُحلْ

أوَّل فراعنة (الدعم السريع)

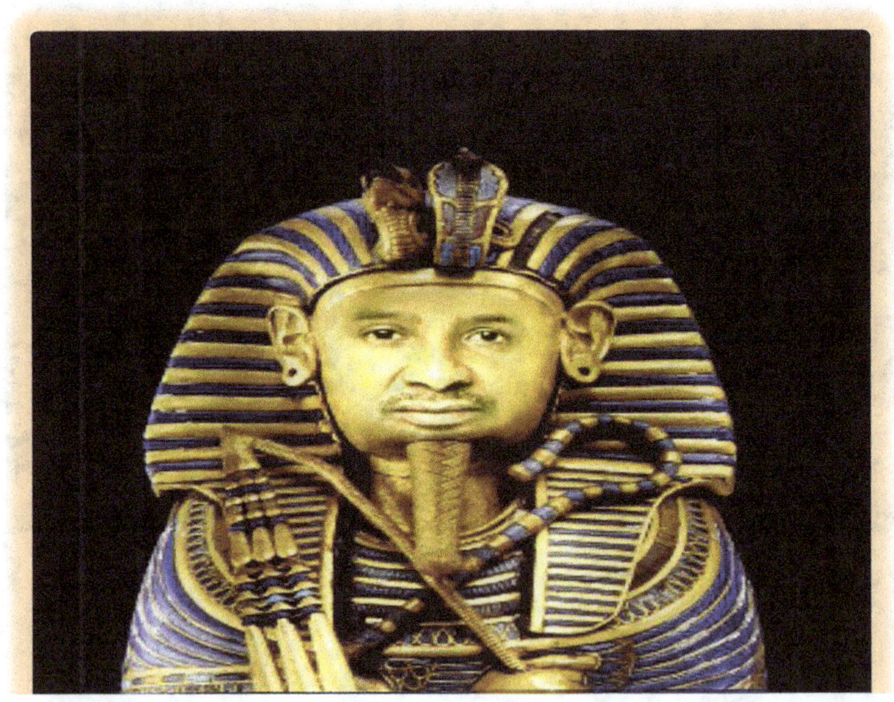

عن "النفوق" الإطاري

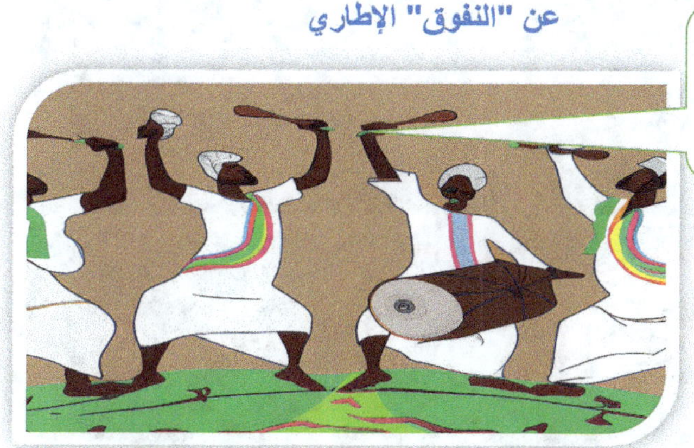

تطابق وجهات النظر تجاه قضايا الساحة السياسية
بين ''أبوهاشم'' وجبريل ''الهامش'' العاشم

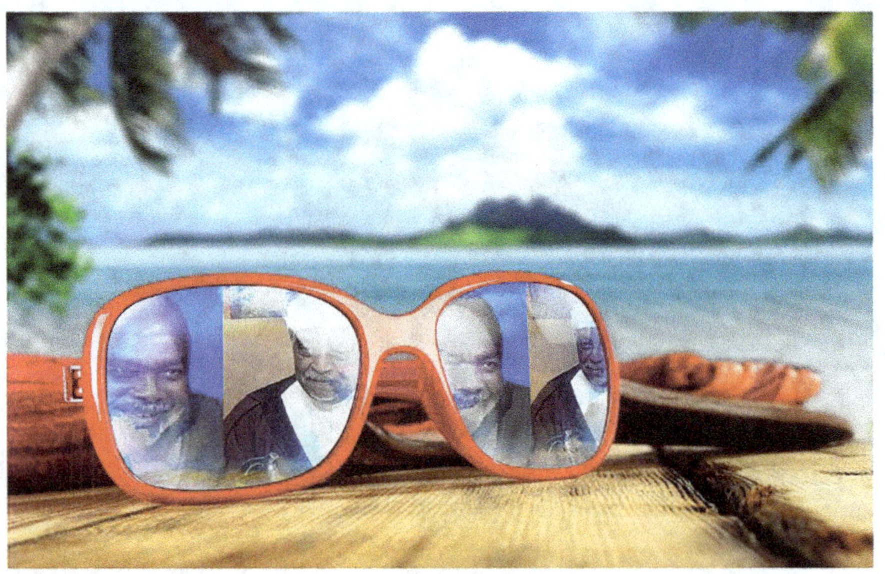

النفاق الإطاري

جبريل: "الميرغني" كبير البلد

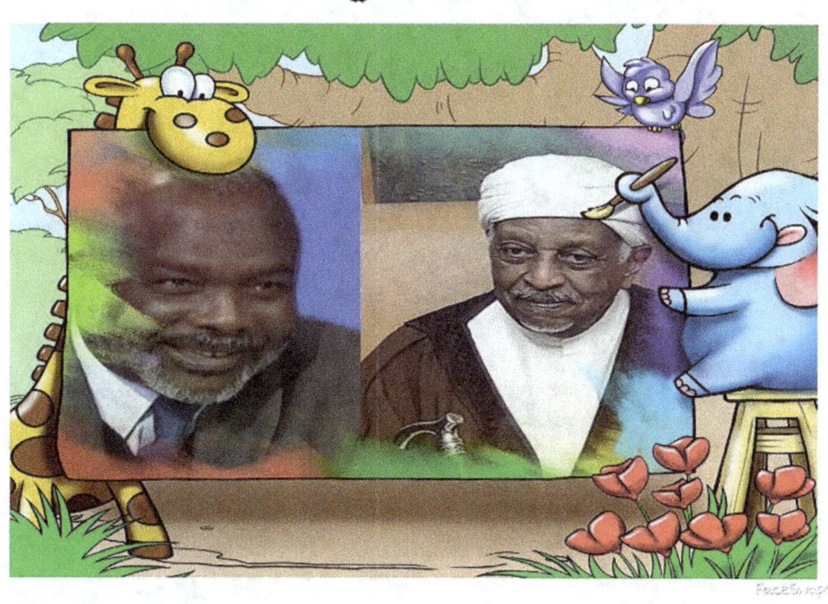

شراكة الدم

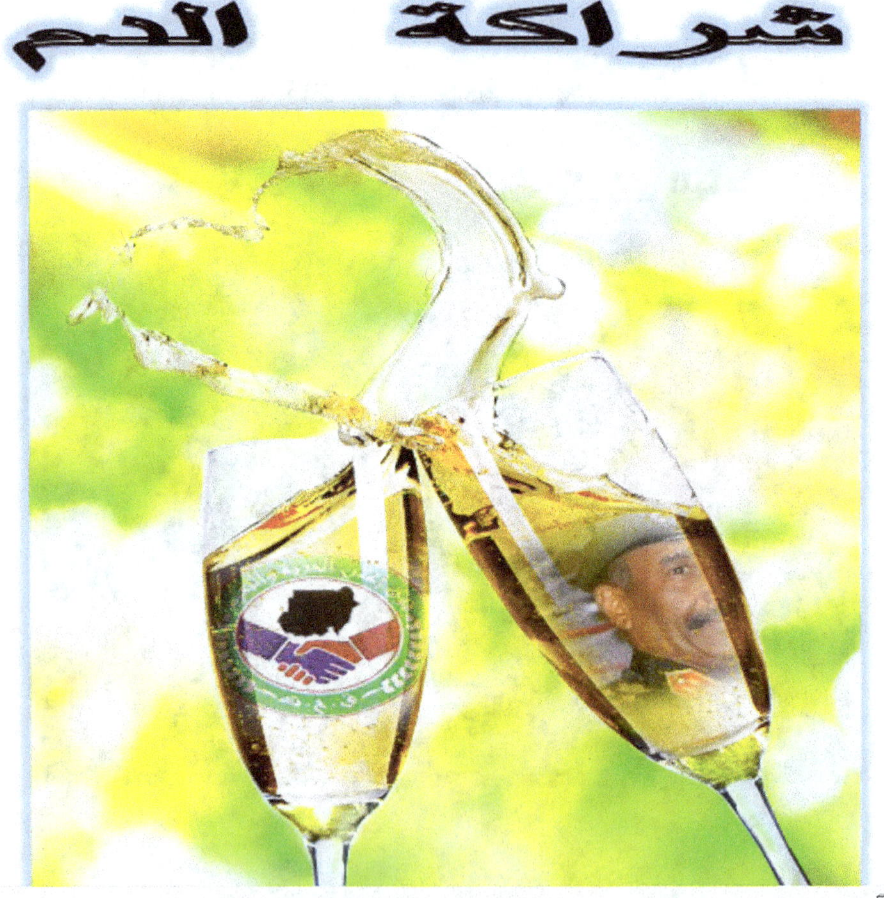

Osama Elkhawad

في متحف الهولوكست السوداني
ومن الحُبِّ ما قَتل

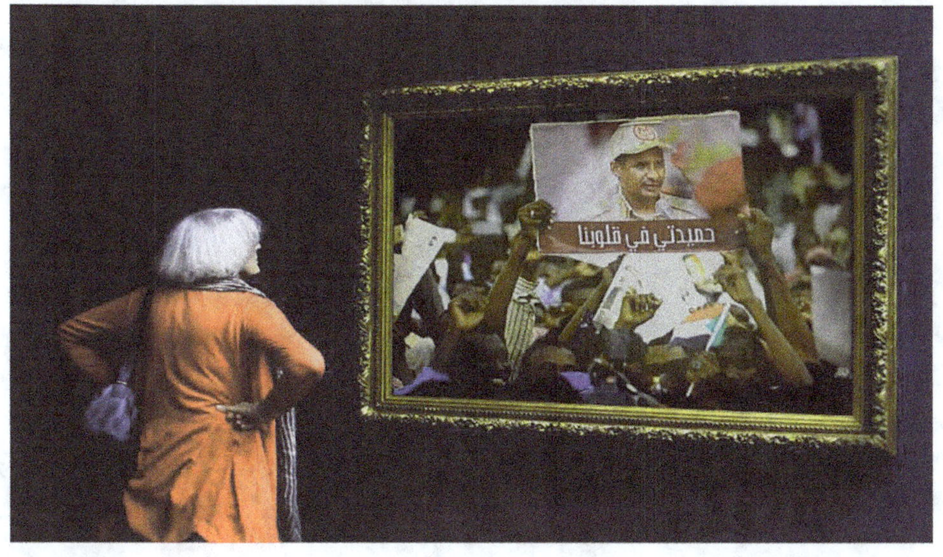

في متحف الهولوكوست السوداني

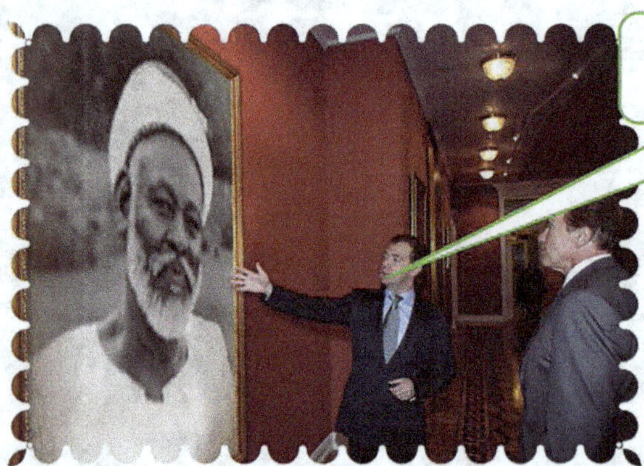

Osama Elkhawad

في متحف الهولوكوست السوداني
لقطات من سيرة مؤسَّس أفران الغاز السريعة

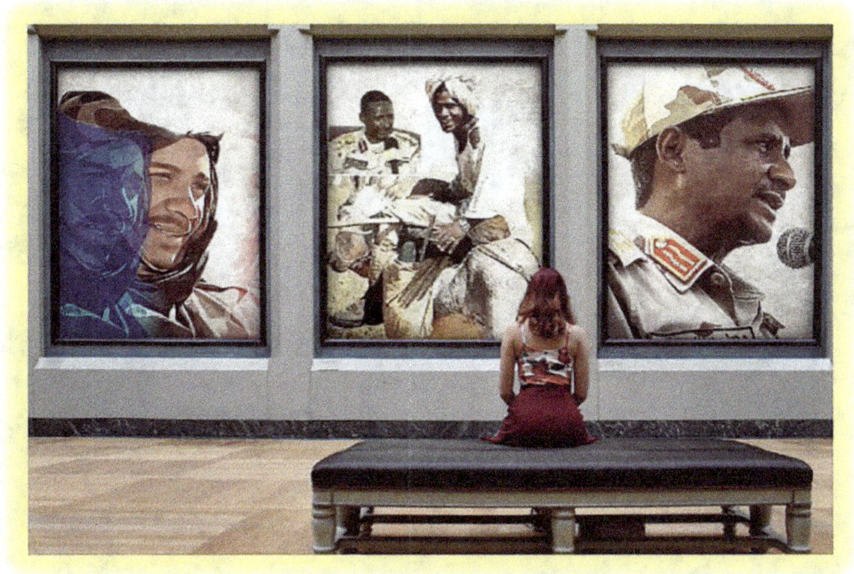

في متحف الهولوكست السوداني
(أما أرضعتهم الأمهات والعمَّات والخالات)؟

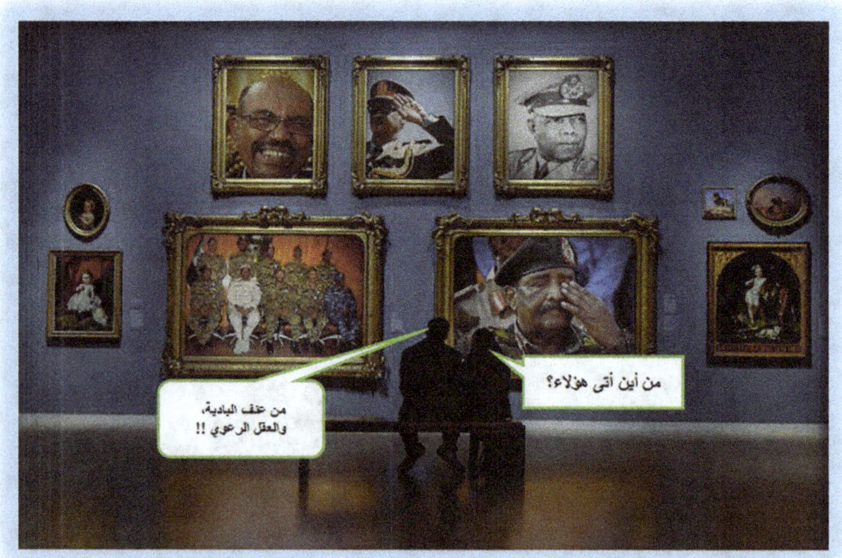

في متحف الهولوكوست السوداني
قراصنة (الدعم السريع)

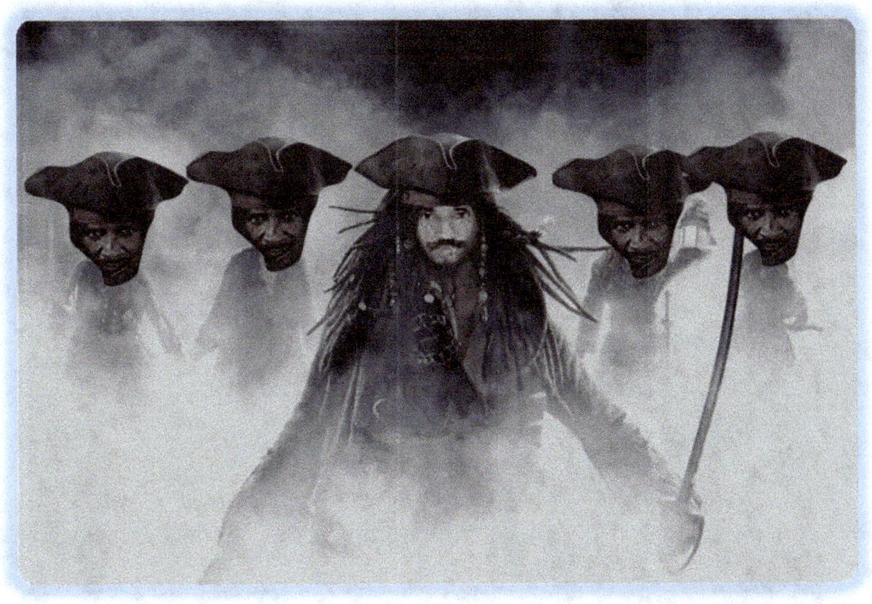

في متحف الهولوكوست السوداني
ترامب يشيد بمذكرة (كرام المواطنين)
إلى مدير المخابرات البريطاني ضد إلغاء الرق

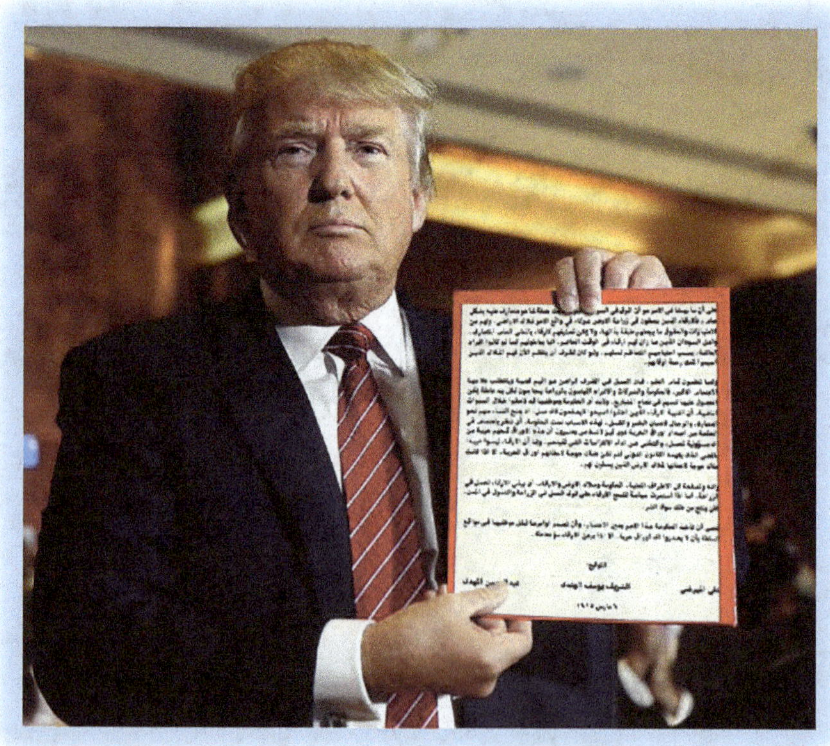

Osama Elkhawad

في متحف الهولوكوست السوداني
شهادة بيع الفرخة (الزين)
في (الثورة المهدية)

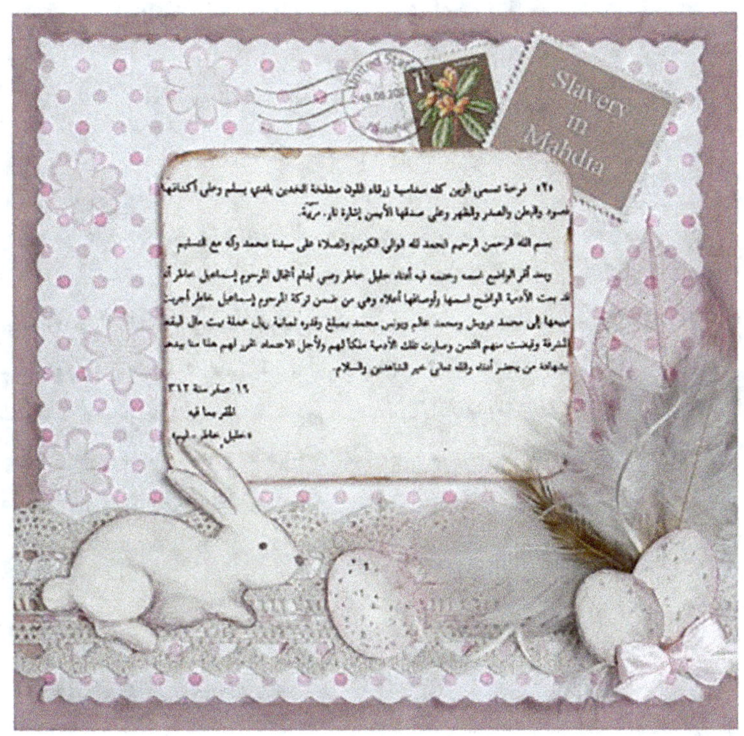

في متحف الهولوكوست السوداني
هولوكست (الثورة المهدية)
الإمام الثائر المهدي وإهداء الرقيق

شهود أقسموا على المصحف أن الخادم عطا منُّه وولدها الفطيم تعتق زوجة نور الجليل. وأمر المهدي في أحد منشوراته- جـ ١ - ص ١٤٣ - ١٤٤، بإهداء جارية للفكي الأمين، لكنها كانت قد تزوجت أحد الأرقاء فتأخر تنفيذ الأمر. وعندما علم المهدي بالتأخير أمر بإهداء الجارية وزوجها للفكي الأمين كفارة على تعطيل التنفيذ. وفي (الآثار الكاملة) م ٢ ص ١٤٤ يهدي المهدي رقيقاً لامرأة تكفلت أيتاماً : «وإنني لما نظرت صداقة خدوم بنت دوليب وأمانتها وما تحملت من أيتام عبدالهادي الذين لزمت علينا كفالتهم أعطيناها مراح الضان بجبل الحراز والعبد كحوبي وزوجته وأولادهما الاثنين، فالمذكورون لا يتعرض لها فيهم أحده.

في متحف الهولوكوست السوداني

هولوكوست (الثورة المهدية)

بيع فرخة لسداد قيمة أقمشة كساوي الأنصار !!

(١) بحر العاشم فرخة سداسية مكادية حمراء اللون من غنائم الحبشة – بسم الله الرحمن الرحيم وبعد فمن عبد ربه عبد اللطيف البشير لكافة أنصار الدين. الآدمية الموضح اسمها وأوصافها أعلاه واردة من ضمن أحد عشر رأس رقيق بمقتضى أمر من سيدنا المكرم أحمد علي رئيس السرية في ٢٤ جماد أول سنة ١٣١٠ مذكوراً به عن مباءهم بالقيمة لسداد ثمن الأقمشة المأخوذة من أحمد محمود الحضري لزوم كساوي الأنصار وعلى مقتضى ذلك صار تمامها إليه بمبلغ ثمانية وعشرين ريال قشلي وللمعلومية وعدم المعارضة حرر هنا يده ليتصرف فيها كيف شاء والسلام.

١٣١٠

ـــــــــــــ

٢٤ جماد أول

أمين بيت مال سرية القلابات

في متحف الهولوكوست السوداني
حصاد الدعم السريع
(من ثمارهم تعرفونهم، هل يجتنون من الشوك عنباً،
ومن الحسك تيناً) ؟

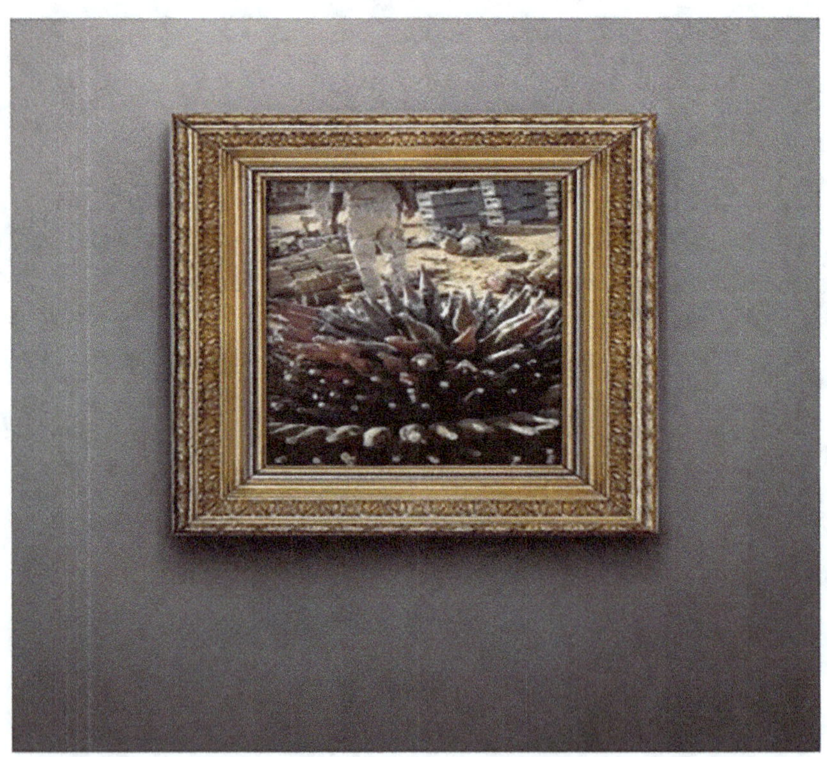

في متحف الهولوكوست السوداني
قسم (تعذيب الدولة)
د. علي فضل

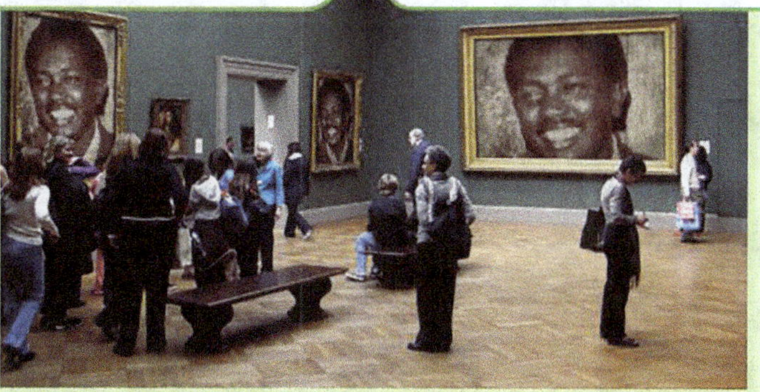

في متحف الهولوكوست السوداني
الارشيف المخزي

علينا جاي .. علينا جاي
أسعار الرقيق في الدولة المهدية

الصنف	السعر
رقيق العمل كبير السن	٥٠ - ٨٠ ريال
امرأة متوسطة السن	٨٠ - ١٢٠ ريال
بنت ٨ - ١١ سنة	١٠٠ - ١٦٠ ريال
خليلة	١٨٠ - ٧٠٠ ريال
الجارية الوسيمة	١٢٠ دولار
الطفل ٦ سنوات	٨٠ دولار
جارية فوق ٣٠ سنة	٦٠ دولار
الرقيق الشاب	١٥٠ - ٢٥٠ دولار
الجارية	٣٠٠ - ٤٠٠ دولار

في متحف الهولوكوست السوداني

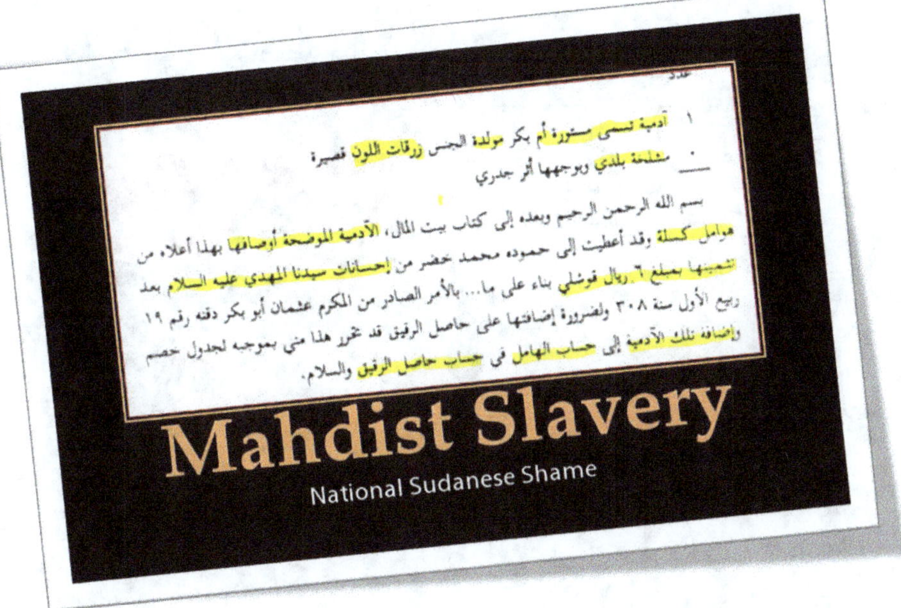

التاريخ يسير في اضطراد إلى ...الخلف

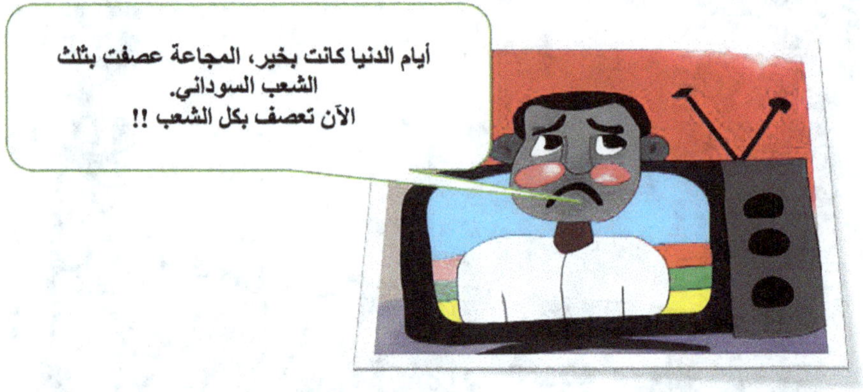

صلب السودان الفضل
في انتظار الجنجويد الأخير

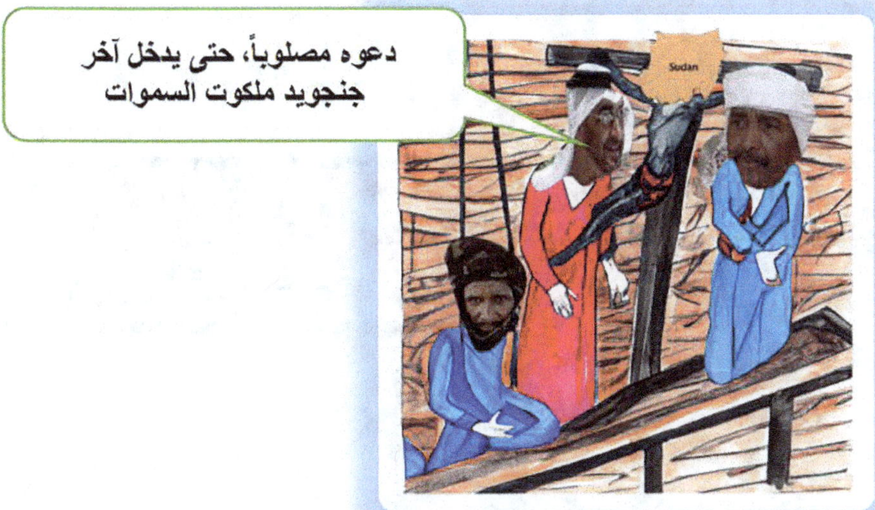

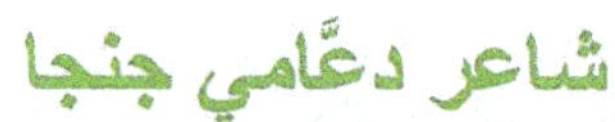

شاعر دعَّامي جنجا

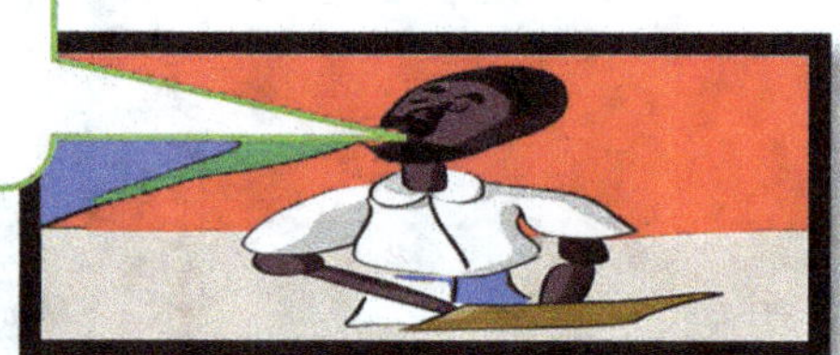

كيف "انجغامك" في العشيّ،
بلا قنابل، أو مدافع، أو قذائف،
يا "فلنقاي" الكئيب؟